Sachbücher von Janvier T. Chando

IKONEN UND BÖSEWICHTEN: Jüngste Politische Attentate…
GEFALLENE HELDEN: Afrikanische Führer, deren Attentate...
UKRAINE: Das Tauziehen zwischen Russland und dem Westen
KAMERUN: Frankreichs Dysfunktionales Marionetten System in Afrika
KAMERUN: Das Heimgesuchte Herz Afrikas

Fiktionstitel von Janvier chando

Der Usurpator: und andere Geschichten
Triple Agent, Doppel kreuz
Jünger des Vermögen
Der Union Moujik
Blitz der Sonne
Vermögen Ruft
Meister des Vermögen
Kinder des Vermögen
Großmütter und Perfekte Liebe
Verliebt Sein und Weise Sein
Die Feuer und Eis Legende
Der Süßeste Wahnsinn
Das Hunger Feuer
Die Schatten des Feuers
Vater und Söhne
Der Arzt
Dunkle Schatten
Schicksalhafte Krawatten
Das Urteil des Hades
Prozess Gegen Seine Majestät
Ngokos Torheit
Der Usurpator
Die Mitgift
Ich bin Gehasst
Der Lümmel

Kommende Titel von Janvier Chando

Die Heimdrifter
Der Weiße Falke
Die Norilsk Bären
Sterbliche Freunde

DIE LEGENDE DIE EINEN KONTINENT INSPIRIERTE:

Die Ermordung von Augusto C. Sandino aus Nicaragua und der Aufstieg Sandinistischer und linker Kräfte in Lateinamerika

Janvier T. Chando

TISI BOOKS

NEW YORK, RALEIGH, LONDON, AMSTERDAM

VERÖFFENTLICHT VON TISI BOOKS

ISBN-13: 979-8-68-780174-4
ISBN-10: 8-68-780174-2

VERÖFFENTLICHT VON TISI BOOKS
www.tisibooks.com

NEW YORK, RALEIGH, LONDON, AMSTERDAM

Gedruckt in den Vereinigten Staaten von Amerika

ANERKENNUNG

Besondere Dankesworte an Salomon Muna Yakana, mit dem wir über das Erbe von Sandino gesprochen haben und dessen Erinnerung noch immer mit denen weiterlebt, die er tief berührt hat.

WIDMUNG

Das Buch ist allen ikonischen und legendären Führern gewidmet, deren Ziele es waren, der Menschheit zu dienen und das Wohlergehen der Menschen zu fördern, insbesondere jenen, die in ihren historischen Missionen von den bösen Mächten dieser Welt abgeschnitten wurden.

DIE LEGENDE DIE EINEN KONTINENT INSPIRIERTE:

Die Ermordung von Augusto C. Sandino aus Nicaragua und der Aufstieg Sandinistischer und linker Kräfte in Lateinamerika

INHALT

ZITATE VON AUGUSTO SANDINO

„Der Mann, der für seine Beerdigung keine Handvoll Erde aus seiner Heimat verlangt, verdient gehört zu werden und nicht nur gehört zu werden, sondern auch geglaubt zu werden.“

„Diese Bewegung ist national und antiimperialistisch. Wir hissen die Flagge der Freiheit für Nicaragua und für das gesamte Spanische Amerika. Für den Rest im sozialen Bereich ist diese Bewegung beliebt.“

„Ich bin nicht bereit, meine Waffen abzugeben, falls es jeder tut. Ich werde mit den wenigen sterben, die mich begleiten, weil es vorzuziehen ist, uns als Rebellen sterben zu lassen und nicht als Sklaven zu leben.“

„Um ein unterdrückerisches soziales System zu verändern, ist die einzige Notwendigkeit die Existenz eines Mannes mit einem Minimum an Würde.“

"Meine größte Ehre ist es, aus dem Busen der Unterdrückten hervorzugehen, die die Seele und die Nerven der Menschen sind.“

„Wir werden zur Sonne der Freiheit oder zum Tod gehen; und wenn wir sterben, wird unsere Sache weiterleben. Andere werden uns folgen.“
„Ich habe die Liebe meines Landes über alle Lieben

gestellt, und Sie müssen sich davon überzeugen, dass es notwendig ist, dass die Sonne der Freiheit auf unsere Stirn scheint, um mit mir glücklich zu sein."

„Ich will ein freies Land oder sterben."

„Unsere Armee ist die disziplinierteste, am selbstverleugnendsten und selbstloseste auf der ganzen Welt, weil sie sich ihrer hohen historischen Rolle bewusst ist."

„Die Souveränität ist nicht zu diskutieren, sondern mit Waffen in der Hand zu verteidigen."

„Ich habe kürzlich meinen Freunden gesagt, dass es in Nicaragua hundert Männer gibt, die sie genauso lieben wie ich, würde unsere Nation ihre absolute Souveränität wiederherstellen. Meine Freunde antworteten mir, dass es möglicherweise so viele Männer in Nicaragua oder mehr geben würde."

„Komm, du Rudel Morphiumsüchtiger; komm, um uns in unserem eigenen Land zu töten, und ich werde dich erwarten, stark an der Spitze meiner patriotischen Soldaten stehen und mich nicht darum kümmern, wie viele von dir es gibt; Denken Sie daran, dass, wenn dies geschieht, Die Zerstörung Ihrer Größe wird das Kapitol in Washington erschüttern, mit deinem Blut, das die weiße Kugel rötet, die dein berühmtes Weißes Haus krönt, die Höhle, in der du deine Verbrechen planst."

Karten

Karte von Lateinamerika

Nicaragua auf einer Weltkarte

Eine Karte von Nicaragua

EINFÜHRUNG

Auf meiner Suche nach der Antwort, warum bestimmte geopolitische Brennpunkte in der Welt existieren; in meinem Neugierde um die Gründe zu kennen, warum einige Länder und die Welt im Allgemeinen plötzliche und dramatische Veränderungen erlebten, die zu Krieg, Instabilität oder einer Neuausrichtung ihrer Innen- und Außenpolitik führten, die nicht nur diese Länder betrafen, sondern auch bestimmte Regionen oder die ganze Welt beeinflussten, habe ich in den letzten Jahrzehnten politische Attentate untersucht, die unsere Welt verändert haben. Mit unserer Welt meine ich unsere Gemeinschaften, Länder, Regionen und die Menschheit als Ganzes.

Bei der Behandlung der verschiedenen Attentate im Laufe der Jahre habe ich einen Ansatz gewählt, der von der politischen Soziologie geprägt ist. Dabei habe ich die historischen und sozialen Faktoren, die nicht nur zu den Attentaten geführt haben, sondern auch aus der Tötung dieser historischen Figuren entstanden sind, genau analysiert. Und aus diesen Faktoren werden uns eine Idee oder Bilder präsentiert, wie sich die betroffene Gesellschaft seit den traumatischen Ereignissen entwickelt hat.

Aus den Rückschlägen, die auf die Ermordung historischer, legendärer oder ikonischer Persönlichkeiten folgten, können wir etwas Nützliches lernen und uns Szenarien ausdenken oder was als Katastrophen zu erwarten ist, wenn bestimmte Anführer ermordet werden, und entsprechend handeln, um ihre Ermordung zu verhindern.

Kapitel Eins

Augusto Samdino

Wenn es neben Kuba ein Land in Latein-Amerika gibt, dass sich in der Geopolitik im Gegensatz zu seiner Bevölkerungsgröße, Landmasse und Ressourcen einen übergroßen Namen gemacht hat, dann ist es Nicaragua. Der Aufbau dieses Rufs, Vermächtnisses oder Charakters begann mit dem Aufstieg zur Bekanntheit von Augusto Nicolás Sandino, einem Nicaraguanischen Revolutionär, der zwischen 1927 und 1933 einen Aufstand gegen die militärische Intervention und Besetzung Nicaraguas durch die Vereinigten Staaten anführte.

Augusto Nicolás Sandino, auch bekannt als Augusto César Sandino, wurde am 18. Mai 1895 in der kleinen Stadt Niquinohomo im Departement Masaya an der Westküste von Nicaragua geboren und war der uneheliche Sohn eines wohlhabenden Landbesitzers Spanischer Abstammung genannt Gregorío Sandino und Margarita Calderón, seine indigene Dienerin. Er lebte bis zu seinem neunten Lebensjahr bei seiner Mutter, als sein Vater ihn in sein eigenes Haus brachte, damit er seine Ausbildung beginnen konnte. Man könnte sagen, dass er aufgrund seines Bewusstseins für die Art und Weise, wie sein Vater ihn und seine anderen legitimen Kinder anfänglich behandelte, in sehr jungen Jahren eine Abneigung gegen Ungerechtigkeit entwickelte.

Augusto Sandinos politisches Bewusstsein und seine revolutionären Impulse wurden angeheizt, nachdem er die Intervention Amerikanischer Truppen in Nicaragua bei der Unterdrückung eines Aufstands gegen den Nicaraguanischen Präsidenten Adolfo Díaz, eine Marionette der Vereinigten Staaten von Amerika, im Juli

1912 miterlebt hatte. Der junge Sandino war besonders entmutigt durch den Tod des Nicaraguanischen Generals Benjamín Zeledón von La Concordia am 4. Oktober desselben Jahres während der Schlacht am Coyotepe Hill, als Amerikanische Marines Fort Coyotepe und die Stadt Masaya aus den Händen der Nicaraguanischen Rebellen zurückeroberten. Tatsächlich konnte er sich kaum beherrschen, während er Zeledóns Leiche beobachtete, die auf einem Ochsenkarren getragen wurde, der von Amerikanischen Marines zur Beisetzung in Catarina gefahren wurde.

Nachdem der Aufstand niedergeschlagen worden war, unterzeichnete der damalige Präsident von Nicaragua, Adolfo Díaz, den Bryan-Chamorro-Vertrag, der den Vereinigten Staaten das ausschließliche Recht einräumte, einen interozeanischen Kanal in Nicaragua zu bauen. Danach regierte Adolfo Díaz, dessen Amerikanische Führer als "Unser Nicaraguaner" bezeichnet, mit starker Amerikanischer Unterstützung, bis seine Amtszeit als Präsident im Januar 1917 endete, von wo aus er in die USA zog, wo er eine Weile lebte.

Eine weitere Phase in Sandinos Leben begann 1921, als er versuchte, Dagoberto Rivas, den Sohn eines prominenten Konservativen Stadtbewohners, wegen abfälliger Äußerungen, die Dagoberto Rivas über Sandinos Mutter machte, zu töten, war aber erfolglos. Nach dem Scheitern floh er aus Nicaragua nach Honduras und machte sich dann auf den Weg nach Guatemala, bevor er schließlich nach Mexiko ging, wo er in der Amerikanischen Standard Oil-Raffinerie in der Nähe des Hafens von Tampico arbeitete.

In dieser Mexikanischen Stadt, engagierte er sich für Gewerkschaftsaktivitäten. Obwohl die revolutionäre Leidenschaft in Mexiko zu schwinden begann, wurde Sandino nach seiner Beteiligung an der Kirche der Siebenten-Tags-Adventisten, spirituellen Gurus, Antiimperialisten, Anarchisten und kommunistischen Revolutionären davon infiziert. Was ihn jedoch am meisten ansprach, war der Antiklerikalismus der Mexikanischen Revolution und die Ideologie des *„Indigenismo"* (Indigenismus), die das indigene Erbe Latein-Amerikas verherrlichte.

Nach dreizehn Jahren Anwesenheit Amerikanischer Truppen in Nicaragua zog sich die letzte Abteilung Amerikanischer Marines 1925 zurück und beendete die erste Amerikanische Besetzung Nicaraguas (1912–1925). Die Vereinigten Staaten zogen ihre Truppen in diesem Jahr ab, nachdem sie überzeugt waren, dass das Land endlich stabil war. Dies geschah nach einer Koalition zwischen den gemäßigten Flügeln der rivalisierenden Konservativen und Liberalen Parteien in Nicaragua, einer Koalition, die 1924 die Präsidentschaftswahlen unter dem Konservativen Carlos Solórzano als Präsident und dem Liberalen Juan Bautista Sacasa als Vizepräsident gewann. Diese Regierung war jedoch nur von kurzer Dauer, da die Rechte der Konservativen Partei ein Jahr nach der Machtübernahme des Duos Solórzano / Sacasa einen Staatsstreich startete.

Kapitel Zwei

Der Nicaraguanische Bürgerkrieg, das ist auch bekannt als "Der Verfassungskrieg" bezeichnet, wurde durch den Staatsstreich vom 2. März 1926 von General Emiliano Chamorro Vargas ausgelöst, der die vierzehn Monate alte Koalitionsregierung des demokratisch gewählten Präsidenten Carlos José Solórzano beendete der Konservativen Partei und sein Vizepräsident Dr. Juan B. Sacasa der Liberalen Partei. Der Putsch löste einen Aufstand aus, nachdem Mitglieder der Liberalen Partei zurückgedrängt hatten.

Obwohl Solórzano nach dem Putsch zurücktrat, blieb der Sitz des Präsidenten frei, da sein Vizepräsident Sacasa, der normalerweise der nächste Präsident werden sollte, aus dem Land geflohen war, nachdem Konservative Soldaten ihn angesprochen hatten. Seine erzwungene Abwesenheit machte es dem Nicaraguanischen Kongress leicht, keine andere Person als Emiliano Chamorro Vargas als vorläufigen Präsidenten zu benennen.

General Emiliano Chamorro Vargas, der vom 1. Januar 1917 bis zum 1. Januar 1921 Präsident von Nicaragua war (er wurde von seinem Verwandten Diego Manuel Chamorro abgelöst), gehörte zur politisch mächtigen Familie Chamorro. Als Vorsitzender der Konservativen Partei hatte er gehofft, mit dem Gewinn der Präsidentschaftswahlen von 1924 ein Comeback zu erzielen, wurde jedoch in seinen Bemühungen von Bartolomé Martínez vereitelt (der vereidigt wurde, den Rest der Amtszeit von Diego Manuel Chamorro als 15. Präsident von zu dienen Nicaragua vom 27. Oktober 1923 bis 1. Januar 1925 nach dem Tod von Diego Manuel Chamorro an der Macht). Bartolomé Martínez war gegen die von Emiliano Chamorro Vargas angeführten Konservativen in Granada und akzeptierte daher die Idee einer Koalitionsregierung relativer Gemäßigter, die ein Transaktionswahlticket mit dem konservativen Republikaner Carlos José Solórzano als Präsident und einem Liberalen, Dr. Juan Bautista Sacasa als sein Laufkamerad. Infolgedessen vergab Emiliano Chamorro Vargas den Konservativen Republikanern nie, dass sie ihn daran gehindert hatten,

an die Macht zurückzukehren, und so orchestrierte er den Sturz der Regierung von Carlos José Solórzano.

Sandino kehrte am 15. Mai 1926, zwei Monate nach Beginn des Bürgerkriegs, nach Nicaragua zurück, als Liberale Exilanten unter der Führung von Dr. Juan Bautista Sacasa, dem Vizepräsidenten der abgesetzten

Regierung, beschlossen, die neue Regierung von Vargas aus der Macht zu jagen. General José María Moncada, der Militärchef dieser Liberalen Militärexpedition, wurde von einem anderen Liberalen General namens Anastasio Somoza García unterstützt. Die Kampagne gegen Emiliano Chamorro Vargas löste den " Der Verfassungskrieg" aus, in dem die linke Regierung Mexikos die Rebellen mit Waffen versorgte. Die Vereinigten Staaten von Amerika reagierten mit der Entsendung von Kriegsschiffen nach Nicaragua im September 1927. Trotz konzertierter Bemühungen zur Lösung des Problems gelang es den Vereinigten Staaten nicht, beide Parteien dazu zu bringen, eine Lösung für den Konflikt zu finden. Als die Konservative Partei jedoch auf Emiliano Chamorro Vargas verzichtete, unterstützten die Vereinigten Staaten die Aktion schnell, was den Nicaraguanischen Starken zwang, am 11. November 1926 zugunsten von Adolfo Díaz zurückzutreten, der Person, die er 1917 als Präsident abgelöst hatte.

Die Angelegenheit würde eine unerwartete Wendung nehmen, wann Dr. Juan Bautista Sacasa, der Prätendent auf die Präsidentschaft, zwanzig Tage nach der Machtübernahme von Adolfo Diaz nach Nicaragua zurückkehrte und eine rivalisierende Regierung aus der atlantischen Küstenstadt Puerto Cabezas proklamierte, eine Regierung, die Mexiko allein anerkannte. Der Amerikanische Präsident Calvin Coolidge reagierte mit der Entsendung Amerikanischer Marines nach Nicaragua. Sie stiegen am 24. Dezember 1926 in Puerto Cabezas aus, erklärten das Gebiet zur neutralen Zone und entwaffneten und entfernten Liberale Soldaten von dort. Der Amerikanische Präsident hob im Januar 1927 das Amerikanische Waffenembargo gegen die Nicaraguanische Regierung auf und machte es den Vereinigten Staaten legal, die Konservativen militärisch zu unterstützen. Weitere Amerikanische Truppen würden nach diesem Schritt unter dem Deckmantel des Schutzes des Lebens und des Eigentums der US-Bürger in Nicaragua eintreffen, basierend auf Behauptungen, dass Mexiko im Begriff sei, Truppen nach Nicaragua zu schicken, um den Liberalen zu helfen.

Es war Sacasas Rückkehr nach Nicaragua, um Adolfo Diaz offen zu konfrontieren, was Augusto Sandino, der zu dieser Zeit ein einflussreicher Führer in seiner Gemeinde war, dazu veranlasste, am "Verfassungskrieg" teilzunehmen. Als er jedoch in Puerto Cabezas ankam und seine Pläne bekannt gab, erregte er kaum das Interesse von General José María Moncada. Der General vertraute Sandino zu dieser Zeit nicht, weil er seine Hit-and-Run-Operationen gegen Konservative Kräfte unabhängig von der Liberalen Armee durchführte. Aber das schreckte Sandino nicht ab. Er war noch in Puerto Cabezas, als Amerikanische Marines dort landeten, das Gebiet zur neutralen Zone erklärten und dann begannen, Liberale Soldaten in der Region zu entwaffnen. Als Sandino einige Gewehre von Konservativen Soldaten erbeutete, gewann er den Respekt von Moncada und Sacasa und das Recht auf eine Kommission.

Mit mehr Waffen in seinem Besitz begaben sich Sandino und seine Männer in die bergige nördliche

Region und erreichten schließlich San Rafael del Norte, dass er in sein militärisches Hauptquartier und seine Festung verwandelte. Von dieser Basis aus rekrutierte er energisch die örtlichen Bauern für seine Armee und griff dann mit zunehmendem Erfolg Regierungstruppen an. Bis April 1927 war er so mächtig, dass seine Streitkräfte eine wichtige Rolle bei der Unterstützung der wichtigsten Kolonne der Liberalen Armee bei ihrem Vormarsch auf die Nicaraguanische Hauptstadt Managua spielten.

Tatsächlich schien General Moncada kurz davor zu stehen, die Hauptstadt zu erobern, als die Amerikanische Armee, insbesondere ihre Luftwaffe, die Konservativen Streitkräfte offen unterstützte und behauptete, ihre Piloten und Soldaten handelten freiwillig und ohne offiziellen Befehl. Bis Ende des Monats war der Liberale Vormarsch an den meisten Fronten gestoppt worden, die Liberalen Errungenschaften wurden rückgängig gemacht, General Moncada war fast vollständig umzingelt, und es sah so aus, als würden seine Streitkräfte in Chontales, einer Stadt, die sich um eine befindet, besiegt werden hundert Meilen von Managua. Tatsächlich begannen Amerikanische Marines, wer offiziell Beobachter sein sollten, eine Liberale militärische Niederlage anzukündigen, als bald die internationalen Medien Berichte über den erstaunlichen Sieg eines Liberalen Bataillons anführten, das von einem unbekannten General namens Sandino angeführt wurde, der gerade gefangen genommen hatte die Stadt Jinotega von den Konservativen Kräften im April 1927, und dass er und seine Kräfte auf dem Weg waren, General Moncada zu retten.

Sandino und seine Streitkräfte würden sich mit mehreren Liberalen Generälen wiedervereinigen, die in anderen Teilen des Landes besiegt worden waren. Sie würden sich zusammenschließen und nach Chontales fahren, um die Belagerung der Streitkräfte von General Moncada zu brechen. Sandinos Soldaten waren führend in einer Kampagne, die mit Konservativen Streitkräften auf der Flucht in die Hauptstadt endete, in der sie sich neu gruppieren wollten. General Moncada befahl Sandino, in der Nähe zu bleiben und eine der Flanken zu schützen, während er eine Gegenoffensive startete, um Managua einzunehmen. Sandino stimmte zu und plante einen Angriff gegen Konservative Kräfte in der Stadt Boaco, als er Informationen erhielt, in denen er aufgefordert wurde, einen 48-Stunden-Waffenstillstand einzuhalten, dem General Moncada zugestimmt hatte, damit er sich mit den Konservativen treffen konnte, wobei die Vereinigten Staaten von Amerika als Vermittler fungierten.

Wie kam es, dass Ereignisse, die zur Mediation führten, so schnell gingen?

Als der Monat April 1927 zu Ende ging, begann die Amerikanische Regierung von Calvin Coolidge, den Ansatz von Zuckerbrot und Peitsche energischer anzuwenden — durch Drohen offen militärisch gegen die Liberalen einzugreifen und gleichzeitig zu versuchen, zwischen den Kriegführenden zu vermitteln, um den Feindseligkeiten ein Ende zu setzen. Experten sind der

Ansicht, dass die Androhung einer militärischen Intervention die Liberalen Generäle gezwungen hat, einem Waffenstillstand zuzustimmen. Sandino wurde jedoch nicht konsultiert, als der Amerikanische Friedensbotschafter Henry L. Stimson am 4. Mai 1927 das Treffen zwischen General Moncada und Konservativen Vertretern in Tipitapa organisierte, einer malerischen Stadt am gleichnamigen Fluss. Der Liberale General würde dem Frieden von Tipitapa mit dem Namen "Der Pakt des Espino Negro" zustimmen, der den Konflikt beenden sollte. General Moncada und die Konservativen einigten sich darauf, dass Adolfo Díaz bis 1928 Präsident von Nicaragua bleiben würde, bis eine neue, von Amerika überwachte Wahl stattfinden würde, an der General Moncada als Kandidat teilnehmen könnte; Sie waren sich einig, dass beide Seiten des Konflikts entwaffnen würden; und sie waren sich einig, dass eine neue Nationalgarde gebildet werden würde und dass jedem Soldaten, der ein Gewehr oder Maschinengewehr abgab, das Äquivalent von zehn US-Dollar gegeben würde. Das Abkommen erkannte auch die Anwesenheit Amerikanischer Truppen auf Nicaraguanischem Boden an.

Ein Barometer für die Akzeptanz des Abkommens war die Tatsache, dass die Liberalen 31 Maschinengewehre und 3 704 Gewehre übergaben, während die Konservativen 308 Maschinengewehre und 10 445 Gewehre abgaben.

Augusto Sandino, der Rebell und die Revolutionäre Öffentlichkeit

Kapitel Drei

Sacasa, der nicht an den Verhandlungen teilnahm, floh nach Costa Rica, als er davon hörte. Sandino seinerseits nannte den Deal eine verräterische Vereinbarung, schwor, seine Waffen nicht niederzulegen, und erklärte, dass er und seine Männer weiterhin gegen die Regierung von Adolfo Díaz rebellieren würden, solange ausländische Truppen auf Nicaraguanischem Boden blieben. Seine Erklärung begann eine weitere Phase in seinem Leben als Nicaraguanischer Revolutionär, Befreier und Führer des Aufstands von 1927-1933 gegen die militärische Besetzung Nicaraguas durch die USA.

Obwohl die Vereinigten Staaten von Amerika und die Diaz-Regierung in Nicaragua ihn als "Banditen" bezeichnen würden, der von Angriffen und Schmuggel lebt, würden ihn seine Heldentaten, Einheiten des United States Marine Corps in einen nicht erklärten Guerillakrieg zu locken, dennoch zu einem Helden machen in weiten Teilen Latein-Amerikas, wo er als Symbol des Widerstands gegen die Amerikanische Herrschaft über die westliche Hemisphäre angesehen wurde. Der honduranische Dichter Froylán Turcios, der Direktor der Zeitschrift "Ariel" und ein großer Bewunderer von Sandinos Aktionen war, wurde Sandinos externer Vertreter, nachdem er am 8. September 1927 den Partisanenführer getroffen hatte. Durch ihn und seine zahlreichen Kontakte, Sandino und seine „Sandinistische Kampf" wurde in der internationalen Presse und in Zeitungen aus Mexiko, Kolumbien, Argentinien, Brasilien und sogar den Vereinigten Staaten von Amerika in einem positiven Licht bekannt. Dies zwang die US-Regierung, sich zu verteidigen, indem sie behauptete, die in Nicaragua stationierten Amerikanischen Marines seien da, um freie und faire Wahlen zu garantieren.

Als Sandino seine Partisanengruppe "Die Armee zur Verteidigung der Nationalen Souveränität von Nicaragua" nannte und dann eine Flagge mit roten und schwarzen Bändern und ein Motto mit der Aufschrift "Mutterland und Freiheit" (Patria y Libertad) annahm Dies würde eine neue Phase des Kampfes bedeuten. Tatsächlich würde die effektive Guerillakampagne der Sandinisten das Amerikanische Militär dazu zwingen, die Anzahl der Soldaten und der Hardware in Nicaragua zu erhöhen und mit der Rekrutierung und Ausbildung eines von Amerika geführten lokalen Nicaraguaners zu beginnen Armee, bekannt als Nationalgarde.

Als die Kampagne gegen Sandino und seine Bewegung weiterging mit wenig dafür zu zeigen; als die minderwertig bewaffneten Sandinisten den Amerikanischen Marines und den Nationalgarden

Verluste zufügten und als Bombenanschläge der United States Air Force und Die Nicaraguanische Regierung zerstörte sowohl die Zivilgemeinschaften als auch die Guerilla-Lager, die Meinungen zugunsten der Sandinisten wuchsen unter vielen Latein-Amerikanischen Schriftstellern, Organisationen und der Öffentlichkeit. In der Tat erklärten ihn Anwälte von Sandino zu einem Helden, der gegen den Amerikanischen Imperialismus für die Würde Latein-Amerikas kämpfte.

Das Amerikanische Militär fand es weiterhin inakzeptabel, dass Sandino forderte:

1. Der sofortige Rückzug seiner Invasionskräfte aus dem Gebiet Nicaraguas

2. Die Ersetzung von Adolfo Díaz durch einen Nicaraguanischen Staatsbürger, der derzeit kein Präsidentschaftskandidat ist, und

3. Die Abhaltung von Neuwahlen unter der Aufsicht Latein-Amerikanischer Vertreter und nicht unter der Aufsicht der Marines der Vereinigten Staaten von Amerika.

Sandino stoppte seine Rebellion nicht, selbst, nachdem General José María Moncada die von den USA überwachten Präsidentschaftswahlen von 1928 gewonnen und im Januar 1929 die Nachfolge von Adolfo Diaz angetreten hatte. Als Moncada jedoch Dr. Juan Bautista Sacasa als seinen Botschafter in den Vereinigten Staaten von Amerika auswählte, und dann

Die beiden Männer lobten die USA für ihre Intervention in Nicaragua zur Unterstützung der Demokratie. er war für eine Weile verblüfft. Er würde das Land jedoch nach Mexiko verlassen, um Unterstützung für die Sache zu erhalten und den Vereinigten Staaten zu erlauben, ihr Marines wie versprochen herauszuziehen. Als die United States Marines nicht abreisten, nahmen Sandinos Truppen den Guerillakrieg wieder auf, obwohl sich ihr Anführer noch in Mexiko befand, und blieben dort wegen einer Verschwörung zwischen der Mexikanischen und der Amerikanischen Regierung stecken, die ihn so lange wie möglich dort halten wollte. Er würde jedoch aus Mexiko ausrutschen, in seine Hochburg im Norden Nicaraguas zurückkehren und einen Zermürbungskrieg führen, der beide Lager bis zur Abhaltung der Präsidentschaftswahlen von 1932, die Juan Bautista Sacasa gegen den Konservativen Kandidaten Adolfo Díaz gewann, erschöpfte.

Als die Vereinigten Staaten im Januar 1933 ihre Truppen gemäß der "Politik der guten Nachbarschaft" und nach der Amtseinführung von Juan Bautista Sacasa als Präsident des Landes aus Nicaragua abzogen, waren Sandino und seine Partisanenbewegung immer noch ungeschlagen. Insgesamt 130 Marinesoldaten wurden in Nicaragua während der zweiten Präsenz der United States Marines im ZentralAmerikanischen Land bei der sogenannten zweiten Besetzung (1926–1933) getötet. Nach dem Abzug der Marines würde Sandino folgendermaßen erklären:

"Ich grüße das Amerikanische Volk."

Tatsächlich hielt er sein Gelübde und die Sandinisten griffen niemals einen Amerikaner der Arbeiterklasse an, der Nicaragua besuchte.

Einige Experten schreiben Sandino und seinen Guerillas zu, dass sie es Dr. Juan Bautista Sacasa ermöglicht haben, aus dem Exil zurückzukehren und an den Präsidentschaftswahlen von 1932 teilzunehmen, die von den Vereinigten Staaten überwacht wurden. Diese Wahl gewann er handlich gegen Adolfo Díaz. Es gibt auch Experten, die den Rückzug der Amerikanischen Marines auf die Partisanenaktivitäten der Sandinisten zurückführen und behaupten, seine Bewegung habe das US-Militär aus Nicaragua vertrieben. Die Geschichte besagt jedoch, dass das Marines gingen größtenteils aufgrund der Auswirkungen der Weltwirtschaftskrise und des Versprechens, das der neue Präsident der Vereinigten Staaten von Amerika, Franklin Delano Roosevelt, während der Präsidentschaftswahl Kampagnen deutlich, dass er die USA zurückfahren würde ausländische Einmischung in die inneren Angelegenheiten von anderer Länder.

Obwohl Dr. Juan Bautista Sacasa schaffte es an die Macht, als er 1925 Präsident hätte werden sollen, Sandino begrüßte seinen Sieg und beschloss, keine aufständischen Aktivitäten gegen seine Regierung durchzuführen. Er traf sich im Februar 1934 in Managua mit Sacasa und versprach nicht nur seine Loyalität gegenüber dem neuen Präsidenten, sondern erklärte sich auch bereit, seinen Streitkräften zu befehlen, ihre Waffen innerhalb von drei Monaten abzugeben. Sacasa würde zustimmen, den Soldaten, die ihre Waffen abgegeben haben, "Die Rechte der Hausbesetzer" an Land im Coco River Valley zu gewähren, mit zusätzlichen Anforderungen, dass das Gebiet auf Befehl der Regierung von 100 sandinistischen Kämpfern bewacht, und dass die sandinistischen Kämpfer bei öffentlichen Arbeiten im Norden Nicaraguas bevorzugt in der Beschäftigung behandelt würden.

Vielleicht wäre die Geschichte von Nicaragua anders gewesen, wenn Sandino nicht gegen die von den USA geschaffene und von den USA unterstützte Nicaraguanische Nationalgarde gewesen wäre und nicht auf ihrer Auflösung bestanden hätte. Das machte ihn unbeliebt, nicht nur bei General Anastasio Somoza García, der 1932 als erster Nicaraguaner Anführer der Nationalgarde wurde, sondern auch bei den Offizieren von Anastasio Somoza Garcia und der Basis der Truppen der Nationalgarde. Die allgemeine Ansicht ist, dass Somoza Garcia Sacasa nicht konsultierte, als er die Ermordung von Sandino befahl, in der Hoffnung, dass die Tat ihn in den Augen der höheren Offiziere der Garde erheben würde. Viele Experten sind jedoch der Ansicht, dass seine Amerikanischen Mentoren mit dem Plan übereinstimmten, der am 21. Februar 1934 zur Ermordung von Sandino führte.

An diesem Tag nahm der sandinistische Führer an einer neuen Gesprächsrunde mit Sacasa teil. Ihn begleiteten sein Vater, sein Bruder Sokrates, zwei seiner

Lieblingsgeneräle — Estranda und Umanzor — und der Dichter Sofonías Salvatierra (der Landwirtschaftsminister der Regierung von Sacasa). Die sechs Männer verließen Sacasas Präsidentenpalast in ihrem Auto, als die örtlichen Nationalgardisten das Auto am Haupttor anhielten und ihnen befahlen, auszusteigen und das Auto zurückzulassen. Die Gardisten brachten Sandino, seinen Bruder Sokrates und seine beiden Generäle zu einer Kreuzung im Stadtteil Larreynaga in Managua und hingerichteten sie. Eine Abteilung von Nationalgarde-Truppen unter dem Kommando von Major Rigoberto Duarte, einem Vertrauten von General Somoza Garcia, begrub Sandinos Überreste.

Die Nationalgarde griff Sandinos Armee am folgenden Tag an und zerstörte sie schließlich nach einem Monat des Kampfes. General Somoza García würde Sacasa zwei Jahre später, am 9. Juni 1936, zum Rücktritt zwingen und sich selbst zum Präsidenten von Nicaragua erklären, eine Position, die er bestätigte, nachdem er bei den Präsidentschaftswahlen 1936 von einer überwältigenden Mehrheit der Wähler als Präsident gewählt worden war, unter einem Bündnis zwischen bestimmten Fraktionen der Konservativen und Liberalen Parteien, einem Bündnis, das dem von 1934 ähnelte. Dies würde zur Errichtung einer Somoza-Diktatur und -Dynastie führen, die Nicaragua für die nächsten vier Jahrzehnte dominieren würde.

JANVIER T. CHANDO

Öffentliche Statue von Augusto Sandino

Kapitel Vier

Sandinos politisches Erbe würde jedoch von der Sandinista National Liberation Front (FSLN), den politischen Nachkommen von Sandino, beansprucht, die 1979 schließlich die Regierung von Anastasio Somoza Debayle, dem Sohn von Anastasio Somoza García, stürzte. Die FSLN unter ihrem Führer Daniel Ortega würde in einen bewaffneten Konflikt gegen die Contra Rebellen (Contras — Die zahlreichen rechten Rebellengruppen, die von 1979 bis Anfang der 1990er Jahre in Nicaragua operierten und mit Unterstützung und Finanzierung der Vereinigten Staaten von Amerika gegen die Nationale Wiederaufbau-Regierung der regierenden Sozialisten kämpften — Sandinisten) verwickelt sein, deren Vordenker zufällig Persönlichkeiten der politischen Dynastien Somoza und Chamorro und ihrer Verbündeten waren, alle arbeiten mit den Vereinigten Staaten von Amerika zusammen.

In den 1980er Jahren benannte die neue sandinistische Regierung den internationalen Flughafen Managua zu Ehren von Sandino um und nannte ihn "Augusto C.

Sandino International Airport". Im Jahr 2001 würde der Pro-Somoza-Präsident Arnoldo Alemán den Namen wieder in Managua International Airport ändern. 2007 benannte Präsident Daniel Ortega den Flughafen zu Ehren von Sandino erneut um, nachdem er mit dem Gewinn der Präsidentschaftswahlen 2006 wieder an die Macht gekommen war. Seitdem ist er Präsident und hat drei aufeinanderfolgende Präsidentschaftswahlen gewonnen.

Es ist leicht zu verstehen, warum Sandino für viele in Nicaragua und weiten Teilen Latein-Amerikas ein Held wurde. Das Volk sah in ihm eine Robin Hood-Figur, die sich der Herrschaft der wohlhabenden Eliten des Landes und ihrer ausländischen Oberherren wie den Vereinigten Staaten von Amerika widersetzte. Was sie auch reizend fanden, war die Tatsache, dass er, obwohl er sich der Kontrolle der USA über Nicaragua widersetzte, Amerikaner wie sich selbst liebte. Er war auch körperlich beeindruckend, und sein Bild und seine Silhouette, zusammen mit dem übergroßen Cowboyhut, den er gerne trug, wurden zu erkennbaren Symbolen der Sandinistischen Nationalen Befreiungsfront, die 1961 unter anderem von Carlos Fonseca und Tomás Borge gegründet und später von geführt wurde Daniel Ortega.

Che Guevara, Fidel Castro, Hugo Chávez und einige andere bemerkenswerte Latein-Amerikanische Persönlichkeiten vergötterten Sandino. Tatsächlich wurde seine Art von Guerillakrieg von Fidel Castro während seiner Rebellentage in Kuba, von der FSLN (Sandinisten) in Nicaragua, der FMLN (*Frente FArabundo Martí para la Liberación Nacional* — Nationale Befreiungsfront

FArabundo Martí) in El Salvador effektiv eingesetzt; und es wird von der FARC—EP (*Fuerzas Armadas Revolucionarias de Colombia—Ejército del Pueblo—* Nationale Revolutionäre Streitkräfte Kolumbiens — Volksarmee) in Kolumbien angewendet.

Der Nicaraguanische Künstler Róger Pérez de la Rocha hat viele Porträts von Sandino geschaffen — ironisch für einen Mann, dessen Bild von der Somoza-Diktatur verboten wurde — und damit die Ikonographie des Landes erweitert.

Sandino wird in Nicaragua verehrt. Er wurde 2010 vom Kongress der Nation einstimmig zum "Nationalhelden" ernannt. Sandinos politische Nachkommen sowie die Ikonen seines breitkrempigen Hutes und seiner Stiefel und der Einfluss seiner Schriften während der Jahre des Aufstands gegen die US-Marines gehen weiter heute bei der Gestaltung der nationalen Identität von Nicaragua.

Es gibt viele Geschichten über Sandinos Ermordung und das Schicksal seiner Leiche. Tatsächlich gibt es keinen offiziellen Bericht darüber, dass sein Körper gefunden wurde, weshalb die vollständigen Details seiner Ermordung und das Schicksal seines Körpers eines der beständigsten Geheimnisse in der Geschichte Nicaraguas bleiben. Dies ist trotz der Tatsache so, dass Zeugenaussagen behaupten, die Gardisten hätten Sandino und die anderen drei Gefangenen zu Boden gezwungen, sie erschossen und dann ihre Leichen begraben. Es gibt auch Behauptungen, dass Sandinos Anhänger später den Körper ihres Anführers exhumierten und ihn an einem unbekannten Ort wieder begruben. Die Überlieferung der Sandinisten besagt jedoch, dass die Attentäter von General Somoza Sandino nicht nur enthauptet und zerstückelt haben, sondern dass sie dann seinen abgetrennten Kopf als Zeichen ihrer Loyalität an die US-Regierung übergeben haben.

Eine Statue von Augusto Sandino in Managua, Nicaragua